¿QUÉ PASA EN CATALUÑA?

MANUEL
CHAVES NOGALES

¿QUÉ PASA EN CATALUÑA?

PÁGINA INDÓMITA

Diseño de cubierta y composición: Ángel Uzkiano
Imagen de cubierta: Alocución de Lluís Companys
Impresión y encuadernación: Romanyà Valls
Primera edición: enero de 2026

ISBN: 979-13-990995-1-5
Depósito legal: C-1655-2025

ÍNDICE

NOTA A LA PRESENTE EDICIÓN

En octubre de 1934 la Segunda República vive uno de sus momentos más críticos al estallar la Revolución. Junto con Asturias, donde tienen lugar los sucesos más graves, el principal foco de la rebelión es Cataluña: el día 6 el gobierno de la Generalidad presidido por Lluís Companys, de Esquerra Republicana, proclama «el Estado Catalán de la República Federal Española», lo que hace que el gobierno español decrete el estado de guerra, envíe al ejército y, tras sofocar rápidamente la rebelión, suspenda la autonomía de Cataluña y encarcele a las autoridades catalanas.

El periodista Manuel Chaves Nogales, siempre en pos de los grandes acontecimientos, no tiene oportunidad de viajar a Cataluña en ese momento como enviado especial del diario *Ahora* —del que es redactor jefe y subdirector—, pues la extrema gravedad de lo ocurrido en Asturias hace que deba acudir a esa región tan pronto como el gobierno recupera el control de la zona.[1] Sin

1. Sus crónicas al respecto están recogidas en: M. Chaves Nogales, *La Revolución de Asturias y sus precedentes,* Página Indómita,

embargo, sí podrá finalmente abordar *in situ* el conflicto catalán poco después, a principios de 1936, cuando tras la victoria del Frente Popular en las elecciones generales, el gobierno español aprueba la amnistía para los condenados por los hechos de 1934, se restablecen las funciones de la Generalidad y del Parlamento de Cataluña y tiene lugar el retorno al poder de Lluís Companys.[2]

Nuestro autor viaja entonces a Cataluña y, tras entrevistar a los principales líderes políticos y tomar el pulso de la calle, ofrece a los lectores de *Ahora* un gran reportaje donde aborda el pasado, el presente y el futuro del conflicto catalán, un conflicto que, con fases de distinta intensidad, continúa en nuestros días.

Los ocho escritos que componen el reportaje vieron la luz en *Ahora* entre el 26 de febrero y el 11 de marzo de 1936 —la fecha exacta de publicación se ofrece en los propios artículos, bajo el título—. Nuestra intervención en los textos se ha centrado fundamentalmente en corregir los errores tipográficos obvios, además de adaptar algunas grafías a las normas académicas actuales, mientras que cualquier otra intervención de mayor ca-

Barcelona, 2025. Para entonces, el autor ya ha viajado como reportero a la Rusia soviética, la Italia fascista y la Alemania nazi, donde entrevista al mismísimo Joseph Goebbels. Véase: M. Chaves Nogales, *Crónicas de la Alemania nazi*, Página Indómita, Barcelona, 2025.

2. Con la amnistía, fueron puestos en libertad en toda España unos 30000 presos, no solo «políticos», sino también «sociales». Además, se repuso en sus puestos a los alcaldes y concejales suspendidos tras lo ocurrido en 1934.

lado se ha hecho intentando respetar al máximo el estilo del autor. Asimismo, las abundantes notas a pie de página, que contextualizan los acontecimientos, corresponden a la presente edición.

El lector tiene en sus manos todo un despliegue de maestría periodística, afán de ecuanimidad y lucidez intelectual por parte de Manuel Chaves Nogales, una obra que, dados sus enormes paralelismos con el presente, no ha perdido ni un ápice de su vigencia.

¿QUÉ PASA EN CATALUÑA?

EN LA HORA DEL TRIUNFO
Ahora, 26 de febrero de 1936

Entusiasmo. Entusiasmo. En ninguna región de España se sabe lo que es el entusiasmo popular si no es en Cataluña. Pienso y no acierto a imaginar qué tendría que pasar en Madrid o en Sevilla, qué acontecimiento maravilloso habría de producirse para que los castellanos o los andaluces se entusiasmasen así.

No basta decir que los catalanes son gente fervorosa y propicia a la exteriorización de los sentimientos. Hay que reconocer que esos sentimientos que los catalanes exteriorizan de una manera tan contingente son típicamente multitudinarios y, en la medida de lo posible, unánimes. Cuando de algún otro lugar de España que no sea Cataluña decimos los periodistas que la multitud estaba entusiasmada, mentimos siempre un poco. Entusiasmo multitudinario no hay más que uno en España: el de los catalanes. Fuera de Cataluña esa multitud a que se refieren los periodistas suele ser simplemente un grupo, una parte del pueblo más o menos considerable, pero nunca el pueblo mismo entero y verdadero.

Desgraciadamente, en el resto de España no hay ningún gran motivo de entusiasmo. Se entusiasman unos pocos o muchos y los demás callan o asienten. Aquí, en Cataluña, se entusiasman todos. Es más: se riñe una batalla. Si unos vencen, otros han de ser vencidos. Pues bien, en Cataluña esta sugestión del triunfo es tan fuerte que los arrastra a todos, a los vencidos como a los vencedores. No quiero con esto decir que los vencidos sean tan viles que se agarren a la trasera del carro de los vencedores. Pero sí que un sentimiento tan metido en la entraña de este pueblo como el del afianzamiento de su personalidad tiene fuerza bastante para subsistir soterrado y brotar pujante cuando llega su hora, aun en aquellos que se han esforzado por arrancárselo y sacrificarlo a otras convicciones. Hoy me sería absolutamente imposible encontrar un solo anticatalanista. «Hasta los que votaron contra nosotros —me dicen los triunfadores— participan del júbilo de nuestro triunfo desde el fondo de su alma». Y puede que tengan razón. A juzgar por los signos exteriores, yo no puedo permitirme dudarlo. No creo que todas esas gentes que en los pueblos de Cataluña se muestran jubilosas y engalanan sus casas con banderas catalanas sean de la Esquerra. Voy creyendo ya que el júbilo del triunfo es compatible con el hecho circunstancial de haber votado en contra. Sospecho que lo comparte, al menos, el noventa por ciento de los afiliados a la Lliga[1] y

1. La Lliga Regionalista (que en 1933 pasó a llamarse Lliga Catalana) fue un partido político de ideología conservadora y cata-

el cincuenta o sesenta por ciento de los radicales, si es que aún hay radicales en Cataluña.[2]

En la manifestación que para celebrar el triunfo se organizó al día siguiente de las elecciones, no iban únicamente los votantes del Frente Popular: iban ya gentes neutras y aun de la otra acera. En la gigantesca parada que se está preparando para recibir a Companys el domingo próximo, figurarán todos los catalanes. Ya tendremos ocasión de comprobarlo.

En esta primera manifestación —en la que, como digo, iban gentes de diversa significación— había, por haber de todo, hasta separatistas. Los separatistas se llaman aquí, simplemente, «perturbadores». Estos titulados perturbadores izaron sobre las cabezas de la multitud la bandera de la estrella solitaria, que, a poco de ondear, fue

lanista que, tras su fundación en 1901, desempeñó un papel protagonista en Cataluña durante las primeras décadas del siglo. Con el advenimiento de la Segunda República en 1931, la hegemonía del nacionalismo catalán pasó a manos de Esquerra Republicana de Catalunya (ERC), formación fundada en marzo de ese mismo año mediante la unión del partido Estat Català, de Francesc Macià, el Partit Republicà Català, de Lluís Companys, y el grupo L'Opinió. Esquerra estuvo liderada inicialmente por el citado Macià, quien en abril se convirtió en presidente de la Generalidad; tras su fallecimiento el 25 de diciembre de 1933, Companys lo sucedió al frente de la institución y como máximo dirigente del partido.

2. El Partido Radical, fundado en 1908 por Alejandro Lerroux, y ubicado en el centro y el centroderecha durante la Segunda República, sufrió un descalabro en las elecciones generales de 1936, pues pasó de un centenar de diputados en las elecciones previas, de 1933, a tan solo cinco en estas.

motivo de querella y discordia entre los mismos manifestantes. Se produjo un tumulto. Alguien quiso arriar aquella bandera. Sospecho que en aquellos momentos hubiera sido facilísimo a unos agentes provocadores convertir en separatistas a los millares de catalanes que celebraban el triunfo obtenido por el catalanismo en las elecciones.

Pero aunque aquella multitud en tal trance se hubiese puesto a gritar mueras a España y a Royo Villanova,[3] me niego a aceptar que estuviese formada por separatistas. El separatismo es una rara substancia que se utiliza en los laboratorios de Madrid como reactivo del patriotismo, y en los de Cataluña como aglutinante de las clases conservadoras. No sé aún si será tan difícil encontrar separatistas como anticatalanistas; pero, desde luego, no me parece tarea fácil hallarlos.

En este momento sólo se puede hablar de una cosa: del entusiasmo, de este universal entusiasmo que da a las ciudades como a las aldeas un aspecto indubitable de pueblo feliz. Estamos en los momentos de la euforia, que dijo Lerroux.

Ayer se registró un caso de euforia popular sorprendente. Los presos políticos iban a ser libertados, en virtud de la amnistía. Frente a la cárcel, una multitud

---

3. Antonio Royo Villanova (1869-1958), jurista, periodista y político aragonés, fue miembro del Partido Agrario, diputado y ministro de Marina durante la Segunda República. Se hizo célebre por su enconada oposición al Estatuto de Autonomía de Cataluña de 1932.

entusiástica se estacionaba para ver salir de su prisión a los libertados. Cada vez que salía uno estallaba una ovación clamorosa. Le llegó el turno a un preso que, caso extraordinario, no se atrevía a salir. Era un sacerdote, vestido con sus ropas talares, que horas antes había sido encarcelado por haberse descubierto que en su iglesia de Sarriá había armas y municiones, almacenadas allí ante el temor de que triunfasen las izquierdas. Se corrió la voz de que, para crear conflictos a los nuevos poderes, había agentes provocadores que tenían el propósito de incendiar los templos, y también de esto se acusaba al sacerdote en cuestión, por lo que éste tenía un natural recelo ante la necesidad de enfrentarse con la multitud que vitoreaba frente al edificio de la cárcel a los presos que salían. Todo ello trascendió a la muchedumbre y el sacerdote no se decidía a recobrar su libertad en tan peligrosas circunstancias. Cuando al final salió, temeroso, y subió rápidamente a un automóvil, dispuesto a huir, su presencia fue recibida por la multitud con la misma clamorosa ovación con que se saludaba a los héroes revolucionarios. El pueblo, triunfante y eufórico, no se para en distingos. Este pequeño suceso pinta exactamente la disposición espiritual de Cataluña en este momento. Un gran entusiasmo popular, del que todos los catalanes son partícipes, y nada más. ¿Después?

Es difícil preverlo, a juzgar sólo por la impresión que la gente del pueblo puede dar. Si algo cabe deducir por impresión, es el hecho de que no habrá grandes conmociones en la vida de Cataluña con el triunfo del Frente Popular, como tampoco las hubiese habido de triunfar lo contrario. La vida de este gran pueblo, tan lleno de sentido y tan firmemente aferrado a unas realidades indestructibles, no se alterará gran cosa por los vaivenes políticos. Nos lo aseguran estas calles desiertas de los pueblecitos de la montaña de Montserrat, que hoy hemos recorrido, en los que ondean las banderas catalanas sin que nadie se pare a verlas, porque, a pesar del entusiasmo, cada cual está atento a su quehacer cotidiano. Sus hombres se han ido al campo y allá están inclinados sobre los surcos. Las mujeres, junto al lar, siguen atentas a sus faenas caseras, y en la calle vacía de la aldea, las banderas se agitan sin que nadie, por el goce de verlas flamear, pierda una hora de trabajo.

Esta impresión de que el vivir afanoso de Cataluña prosigue inalterable y un poco desdeñoso de los sucesos políticos, felices o adversos, es lo único que cabe deducir de la actitud de sus gentes. Para saber más, para anticipar algo de lo que pueda pasar en Cataluña, habrá que buscar, no a las masas que gritan entusiasmadas en un momento dado y vuelven luego a sus tareas de siempre, sino a los hombres representativos del pensamiento de Cataluña, porque estos hombres, aunque en Castilla esto parezca inverosímil, a veces arrastran tras ellos a la multitud.

Barcelona, 25 de febrero

DE PRESIDIARIO A GOBERNANTE
Ahora, 28 de febrero de 1936

Voy preguntando a los hombres representativos de Cataluña qué es lo que piensan del momento presente, qué es lo que quieren, adónde van. Mi encuesta es, hasta ahora, bastante satisfactoria. En Cataluña no pasará nada. Es decir, no pasará nada de lo que el español no catalán recela. El triunfo electoral de las izquierdas no dará a Cataluña una orientación revolucionaria, aunque muchos hombres de izquierda, desde luego todos los de la derecha, puedan creerlo todavía.

En Cataluña hay, por encima de todo, un hondo sentido conservador que se impondrá fatalmente. Yo no sé si los hombres de la Esquerra, profesionales casi de la revolución, se resignarán a aceptarlo. Si no lo hacen, peor para ellos. El nivel más alto del izquierdismo en Cataluña se consiguió el día de las elecciones, cuando hasta muchos hombres de la Lliga desertaron del Frente Catalán de Orden[1] y votaron a la Esquerra. A

1. La coalición electoral de derechas formada en Cataluña para concurrir a las elecciones generales de 1936. Era una amalgama basada en la oposición al Front d'Esquerres de Catalunya (nombre

partir de aquel día, el sentido izquierdista de Cataluña empezó a decaer.

Dentro de unas semanas, de unos meses, los hombres representativos del izquierdismo comenzarán a sentir la presión de una masa cada vez más conservadora y prudente. Hasta que dentro de un par de años haya un triunfo electoral de derechas. Es difícil prever aún si el presidente de la Generalidad y sus correligionarios, al tomar de nuevo el poder, se resignarán a reconocer este hecho cierto y acompasarán su obra gubernamental a este ritmo de la opinión pública, que cada vez frenará más su dinámica de origen revolucionario. Parece ser que sí; que estos hombres de la Esquerra, que hace quince días aparecían a los ojos de las gentes de orden como unos terribles demagogos, apreciarán exactamente de dónde les ha venido el impulso que les lleva de nuevo al poder y cómo y por qué pueden perderlo. Hoy se han conocido en Barcelona unas declaraciones de Companys a los periodistas de Madrid, que reflejan exactamente un estado de conciencia:

«Siento en estos momentos —ha dicho el presidente de la Generalidad— una extraña sensación. La misma a la que no pude substraerme en los días que siguieron al 14 de abril.[2]

---

adoptado allí por el Frente Popular) y constituida por la Lliga Catalana, Derecha de Cataluña, Acció Popular Catalana, Partido Republicano Radical, Comunión Tradicionalista y Renovación Española.

2. Fecha de proclamación de la Segunda República, en 1931.

»Cuando tomé el gobierno de Barcelona pasé de ser un conspirador a ser un gobernante. Los guardias me saludaban y los policías se inclinaban reverentes a mi paso. Yo sentía el impulso de ocultarme. Tenía que reaccionar, pues la primera impresión era que venían a detenerme. Ahora me sucede algo parecido. Los guardias se cuadran ante mí. Las gentes me miran con aire curioso o admirativo. Tengo que frotarme los ojos para convencerme de que no estoy soñando. ¡Aún no hace ocho días que era un presidiario!»

Estas sinceras palabras revelan un estado de ánimo de buen augurio para Cataluña y para España. El presidente de la Generalidad advierte que súbitamente ha pasado a ser un gobernante cuando aún no hace una semana era un presidiario. Si se da cuenta cabal de la transformación que en él se ha operado, todo irá bien. La realidad, esta maciza realidad catalana, y el buen sentido tradicional del pueblo de Cataluña harán lo demás. No pasará nada en Cataluña.

Si hubiera de pasar algo —me dicen hoy—, Companys no estaría en Madrid gastando días y días en legitimar sus poderes y recapitulando sobre la diferencia que va de un presidiario a un gobernante.

Todo está en que tanto él como los hombres que le rodean sepan desempeñar su nuevo oficio. Esto del oficio de gobernar no se aprende tan fácilmente. Puede ocurrir que los consejeros de la Generalidad no sepan desempeñar con la misma brillantez el papel de revolucionarios que el de gobernantes. Para lo primero tenían un buen aprendizaje y para lo segundo no han hecho hasta ahora más que un ensayo poco afortunado, que terminó a cañonazos del 6 al 8 de octubre.[3]

El señor gobernador

Antes de hablar con los hombres representativos de las diferentes tendencias políticas de Cataluña es obligado hablar con el hombre que tiene en sus manos el poder. Este hombre es por ahora el señor Moles.[4] Cuando se quiere de verdad conocer el pensamiento de quienes gobiernan a un pueblo, es inútil ir a los despachos oficiales. Un gobernante en funciones no tiene nunca nada interesante que decir. Éste es un viejo axioma periodístico. He ido, sin embargo, a ver al señor Moles en su impo-

3. Como ya se ha dicho en la nota a la presente edición, el 6 de octubre de 1934 fue la fecha en la que el gobierno de la Generalidad presidido por Lluís Companys había proclamado «el Estado Catalán de la República Federal Española», lo que había llevado al gobierno español a decretar el estado de guerra, enviar al ejército y, tras sofocar rápidamente la rebelión, suspender la autonomía de Cataluña y encarcelar a sus gobernantes.

4. Juan Moles Ormella (1871-1945), abogado y político republicano que ocupó diversos cargos durante la Segunda República, era en ese momento, tras las elecciones de febrero de 1936, gobernador general de Cataluña y presidente interino de la Generalidad, cargo que ocupó hasta el 1 de marzo, cuando se produjo el traspaso de poderes a Lluís Companys.

nente despacho de la Generalidad. Aquí en Cataluña las autoridades están instaladas con cierta pompa. A pesar de ella, el gobernador general, que es un hombre capaz de salir a la calle dando gritos a los guardias y de ponerse a discutir y manotear frente a una masa de manifestantes para evitar una colisión sangrienta, habla con cierta naturalidad y soltura.

—Diga usted ante todo —me ha pedido— que en Cataluña no existen esas estridencias y ese encono que dan un tinte pesimista a cuanto escriben sobre Cataluña los periódicos de tendencia conservadora. Yo le ruego que *Ahora*, precisamente por su significación moderada, sea el portavoz de la moderación con que se producen el pueblo y las autoridades de Cataluña en estos momentos. Todos esos rumores alarmantes que corren por España carecen de base, y nuestra buena fe y nuestros anhelos de normalidad y legalidad deben quedar patentes. Yo ruego al periódico *Ahora* que así lo haga constar.

Después, el señor gobernador me ha hablado de su gestión y de los problemas que se le plantearon al hacerse cargo, horas después de las elecciones, del Gobierno General de Cataluña.

—En la madrugada del domingo al lunes me llamó por teléfono el señor Portela[5] para que me encargase del

---

5. Manuel Portela Valladares (1867-1952), político español de ideología liberal y centrista, fue presidente del Consejo de Ministros desde el 14 de diciembre de 1935 hasta el 19 de febrero de 1936.

mando. Yo no quería aceptarlo. No lo hubiese aceptado a no haber sido porque vi que en aquellos difíciles momentos, tanto en Madrid como aquí, se tenía absoluta confianza en mí. ¿Problemas de gobierno que se me han planteado? Ninguno; absolutamente ninguno. No he tenido más que una preocupación: la de la baja súbita de los valores, provocada artificialmente en la Bolsa. Me cuidé de impedirla en lo que tuviera de artificiosa y creo haberlo conseguido. Para ello tuve que amenazar seriamente a los especuladores. Debieron sacar la impresión de que no les dejaría hacer su juego, porque desistieron de él. Baste decir que hoy los valores locales se sostienen y aun hay cierta tendencia al alza. Las obligaciones del Tesoro de la Generalidad se cotizan a más de ciento uno, es decir, un entero sobre la par. Hoy ha habido peticiones de más de quinientas de estas obligaciones, y cuando los banqueros las piden es porque el pequeño ahorro tiene confianza en nosotros. Aparte esto, no he tenido más problemas de gobierno que el de impedir por todos los medios a mi alcance la exportación fraudulenta de capitales. Se han hecho dos o tres capturas de gente que intentaba marchar al extranjero con grandes cantidades en billetes. Se les castigará sin contemplaciones.

—¿Problemas sociales?

—Ninguno; es decir, uno que no está en mis manos resolver: el del inminente cierre de alguna fábrica, porque le falta la materia prima, que tiene en el puerto sin poder disponer de ella porque el Centro de Contratación de

Moneda no autoriza el pago de su importe. Esto tendrán que resolverlo en Madrid, o el lunes próximo me encontraré con cerca de un millar de obreros en paro forzoso.

Divagación política

Dejo al señor gobernador con sus problemas de este día y esta hora y me voy a buscar a un hombre, al que seguramente no acucia ninguna preocupación del momento, un hombre que mira un poco las cosas *sub specie aeternitatis.* Este hombre es Nicolau d'Olwer.[6] Está encerrado en un despachito de un cuarto piso de la Gran Vía Layetana, donde hay sillones forrados de raso y unas figuras de bronce pasadas de moda. Nicolau no debe tener en este momento la preocupación de lo que esta mañana pueda haber pasado en Las Ramblas. Seguramente las noticias que publican los periódicos le interesan poco. Tiene, sin embargo, una honda y auténtica preocupación política. Durante una hora he hablado con él de muchas y muy diversas cosas. No me ha dado

6. Luis Nicolau d'Olwer (1888-1961), político, historiador, catedrático y escritor de ideología nacionalista catalana y republicana. En las elecciones generales de febrero de 1936, obtuvo el mayor número de votos de un diputado por Barcelona, de modo que revalidó su escaño en las Cortes por Acció Catalana Republicana (parte del Front d'Esquerres de Catalunya). El 4 de marzo sería nombrado gobernador del Banco de España.

ninguna noticia. No hemos concretado nada. Creo, no obstante, haber sacado de este despachito un poco *démodé,* en donde Nicolau divaga, una visión más clara y perfecta del panorama catalán que la que puede sacarse del ajetreo de los centros políticos y el bullebulle de los despachos oficiales.

—¿Cree usted que los hombres de la Esquerra, al tomar el poder ahora, intentarán nuevas reivindicaciones? ¿Espera que vayan más allá del Estatuto y quieran aprovechar el triunfo de ahora para dar un avance en sus conquistas?

—No.

—¿Y si las masas izquierdistas y revolucionarias les sometiesen a presión para arrastrarles a nuevas aventuras?

—No hay presión revolucionaria suficiente para eso. La presión que por ese lado se pueda ejercer sobre los gobernantes de la Esquerra es tan débil que si no la resisten será porque no quieran resistirla. Pero la resistirían si la hubiese.

—¿Es que no cuentan como masas revolucionarias los extremistas del nacionalismo, los separatistas?

—No. No cuentan. Soy tan catalanista como pueda serlo cualquier otro, y no creo que los que se lancen a una aventura revolucionaria del nacionalismo tengan el aliento del pueblo.

—¿Y a la presión revolucionaria de las masas obreras no cedería el Gobierno de la Generalidad?

—Tampoco; en Cataluña las masas obreras no están lanzadas, francamente, a la lucha de clases. Hay positivamente un sentimiento anarquista que subyuga todavía a las muchedumbres trabajadoras. Pero ese sentimiento, que puede ser un obstáculo para los que gobiernan, no es, en realidad, una fuerza política capaz de torcer el rumbo de la gobernación del país.

—Si los elementos extremistas de Cataluña, llamémosles separatistas y anarquistas, entrasen en franca colisión con el poder público y planteasen un conflicto, por ejemplo, una huelga general, ¿los hombres de la Esquerra sabrían hacerles frente?

—Sí. Les harían frente y saldrían triunfantes.

—¿Y si les faltara la asistencia de las clases conservadoras?

—También. Las clases conservadoras de Cataluña no se mezclarán nunca en una aventura subversiva por el anhelo de arrancar el poder de manos de los de la Esquerra.

—¿Es que no son entonces auténticamente conservadoras?

—Sí; es que van convenciéndose de que a las derechas catalanas, derechas por el sentimiento y la conveniencia, lo que positivamente les beneficia más es que haya en España una política de izquierdas.

—¿No es esto una paradoja?

—No; las clases conservadoras de Barcelona están formadas principalmente por una burguesía industrial cuya prosperidad está ligada a un régimen de salarios altos y capacidad adquisitiva del obrero en toda la Península. Cuando el obrero gana un jornal alto puede comprar muchas cosas. Los fabricantes catalanes lo aprendieron bien durante el primer bienio de la República. Jamás los industriales de Cataluña han vendido tantos utensilios de cocina como los que vendieron en los pueblecitos andaluces nuestros viajantes durante el «ominoso bienio». Han aprendido también nuestros industriales conservadores en las derechas que en el segundo bienio de la República se vendían menos productos. Saben ya positivamente que, a despecho de su derechismo sentimental, lo que les conviene es una política de izquierdas. Por eso no se cerrarán en banda contra los gobernantes de hoy.

—¿Y el conservador que no es industrial, sino terrateniente? ¿Es que la Ley de Cultivos beneficia también a los propietarios de las tierras?[7]

7. La Ley de Contratos de Cultivo, promulgada por el Parlamento de Cataluña en abril de 1934, tenía por objetivo proteger a los *rabassaires* y propiciar su acceso a la propiedad de la tierra. (En Cataluña, el *rabassaire* era el agricultor que cultivaba la tierra según el contrato de *rabassa morta,* por el cual el dueño del terreno lo cedía, mediante renta, para plantación principalmente de viñas, durante la vida de las primeras plantas.) La ley no llegó a aplicarse entonces, porque fue anulada por el Tribunal de Garantías Constitucionales, y porque la negociación posterior entre el gobierno central y el catalán se vio interrumpida por la Revolución de Octubre de 1934. Finalmente, entraría en vigor tras las elecciones generales de febrero de 1936, al restablecerse las funciones de la Generalidad y del Parlamento de Cataluña.

—Yo creo que sí. Restablecer la Ley de Cultivos es volver a la legalidad, y para los propietarios representa el poder cobrar la renta normalmente, o bien vender las tierras a buen precio. Aunque el propietario sufra un quebranto, éste será menor que el que le ocasiona la situación anárquica actual, en la que encuentra dificultades para cobrar su renta o tiene que desahuciar al arrendatario.

—Entonces, señor Nicolau d'Olwer, ¿no ve usted ningún grave problema para Cataluña en estos momentos?

—Ninguno.

Barcelona, 26 de febrero

DESPUÉS
DE HABERSE COMIDO EL SAPO
Ahora, 29 de febrero de 1936

Cuando a los hombres de la derecha y del centro se les pide una explicación de lo que pasa en Cataluña, le cuentan a uno un cuento. Es muy bonito. Dos aldeanos van de camino. Uno de ellos lleva del ronzal una vaca. Junto a una charca encuentran un sapo, que produce en el de la vaca un gesto de repugnancia. El otro aldeano, por llevar la contraria a su compadre, afirma entonces que el sapo es un animal como otro cualquiera, ni más ni menos repugnante que los demás seres vivos que a diario sirven de alimento al hombre. «¿Tú serías capaz de comerte un sapo?», arguye el de la vaca. «Me lo comería si hubiera necesidad», contesta el otro. Disputan estos compadres y al final, como no se ponen de acuerdo, apuestan: «Te doy la vaca si eres capaz de comerte el sapo». La codicia y el amor propio fuerzan al aldeano a coger el sapo y comérselo, cerrando los ojos de asco y conteniendo las náuseas que le dan cuando quiere vencer la repugnancia que indudablemente siente. El otro ve, acongojado, que su compadre es capaz, efectivamente, de tragarse el sapo, y ante el temor de quedarse sin la vaca que alegremente había apostado se aprovecha de las náuseas que el otro está pasando en aquellos instantes y le propone: «¿Me devuelves la vaca si soy capaz de comerme el medio sapo que te queda?». El comedor de sapos ve en esta oportunísima proposición un modo inmediato de librarse del tormento a que está sometido y alarga el pedazo de sapo que le queda a su compadre, quien cierra los ojos y se lo traga. Siguen su camino, silenciosos, los dos compadres. Al cabo de un rato se paran. Se miran frente a frente y se preguntan, estupefactos: «¿Y por qué nos habremos comido un sapo?».

* * *

Aunque las fábulas tienen mucho menos valor expresivo del que suele atribuírseles, hay que reconocer que esta fabulilla refleja bastante bien lo que ha pasado en Cataluña. ¿Por qué se han comido el sapo el aldeano de la derecha y el de la izquierda? Si ninguno de los dos era capaz de tragárselo entero y quedarse con la vaca, ¿por qué pasaron ambos por el mal trance? Si las izquierdas no querían lanzarse a una aventura revolucionaria —ya se ve hoy bien claro que no lo quieren—, ¿por qué la intentaron? Si las derechas no pretendían acabar con el régimen autonómico, ¿por qué fueron contra él? Ahora, después de haberse comido el sapo mitad por mitad, resulta que ni las derechas fueron capaces de acabar con el Estatuto ni las izquierdas quieren otra cosa que mantenerlo. La rebelión del 6 de octubre hubiera sido explicable si el señor Companys y los hombres de la Esquerra hubiesen querido realmente hacer una revolución. La política derechista que les sirvió de pretexto hubiese sido comprensible si la finalidad que perseguían era la extirpación del régimen autonómico. Resulta, en fin de cuentas, que derechas e izquierdas están de acuerdo en mantener el Estatuto. Ni la Esquerra quiere más ni la derecha menos. ¿Se puede saber entonces para qué se han comido el sapo de la reacción y la rebelión mitad por mitad?

Creo que es, sencillamente, una cuestión de mutua desconfianza. Ni Companys creía en el catalanismo de las derechas catalanas ni éstas tenían ninguna fe en la capacidad de gobernante de Companys y de sus hombres. «Los hombres de la Lliga nos entregaron atados de pies y manos al poder central, enemigo de Cataluña y de sus libertades», pensaron unos. «La Esquerra nos llevará con los ojos vendados a la revolución y al caos», pensaron los otros.

Ahora se ha visto que ni lo uno era verdad ni lo otro lo va a ser tampoco. Los gobernantes de la Esquerra vuelven a encargarse del poder con un claro designio conservador. Quizá les asuste la palabra, pero la considero inexcusable. Companys viene de presidio a *conservar* el régimen autonómico pactado con el poder central. Nada más. Viene a restaurar la normalidad, a mantener el orden, a favorecer con una política prudente el desenvolvimiento normal de las energías catalanas en un ambiente de paz.

Cuando algunos hombres de la Esquerra dicen que vienen a algo más, no aciertan a decir exacta y concretamente qué es lo que ha de ser este algo más. Es sencillamente un difuso [ademán] revolucionario, un arrastre sentimental de viejas rebeldías periclitadas, un no resignarse a reconocer que se ha pasado fatalmente al otro lado de la barricada, y éste es el único motivo de recelo que las gentes sencillas que no son de la derecha ni de la izquierda pueden tener de los actuales gobernantes de Cataluña. Al conservador catalán le cuesta mucho trabajo resignarse a aceptar que el señor Companys y los hombres de la Esquerra sean «la línea de defensa de la burguesía». Utilizo en este momento las palabras textuales que, hablando íntimamente y sin autorizarme a publicar su nombre, me ha dicho uno de los hombres más representativos del conservadurismo catalán.

Yo no sé si los hombres de la Esquerra, en el fondo de su alma, aceptan esta misión histórica de «línea de defensa de la burguesía» que el curso de los acontecimientos les ha impuesto a despecho de su formación, de su temperamento e incluso de su capacidad. Si no hubiese triunfado la República, estos hombres habrían sido durante toda su vida separatistas y revolucionarios, gente mesiánica e iluminada con una clara vocación de mártires. La instauración del régimen republicano, la concesión del Estatuto y su aplicación les obligan a ser otra cosa substancialmente distinta de la que por vocación y por temperamento quisieron ser, y todavía hoy, después de la experiencia gubernamental por que pasaron, les sigue repugnando el reconocimiento de su nueva naturaleza.

Ésta es la situación espiritual en que se encuentran los hombres que Cataluña ha puesto triunfalmente en el poder. Sería injusto, sin embargo, suponer que han de reincidir en las fallas y errores de su primera experiencia gubernamental. La noche del 6 de octubre debió servir al señor Companys para saber exactamente cuál era el verdadero valor de aquellos núcleos demagógicos que le alentaron a la rebeldía. La Esquerra, después de aquella triste experiencia, se ha purgado de muchos resabios revolucionarios. Los fermentos subversivos que antes contenía en disolución han sido eliminados merced a la derrota. Todo aquel aparato demagógico de los *escamots*,[1] que la fuerza pública desbarató de un cintarazo,

1. Los *Escamots* (Pelotones) fueron una organización paramilitar creada por Estat Català, el partido independentista e insurreccional fundado en 1922 por Francesc Macià, y que en 1931 se unió al Partit Republicà Català de Lluís Companys y el grupo L'Opinió para fundar Esquerra Republicana de Catalunya (ERC). Tras ello, los *Escamots*, integrados en las Joventuts d'Esquerra Republicana-Estat Català (JEREC), tuvieron su momento álgido, cuando con su estética militar protagonizaron actos multitudinarios e incidentes violentos, y participaron en la proclamación del «Estado Catalán de la República Federal Española» en octubre de 1934.

no reaparecerá. Dencàs y Badia,[2] eliminados, no darán ahora al poder esa versión demagógica y, en última instancia, fascistizante que le daban las improvisadas y frívolas milicias, en las que por un momento se creyó podía asentarse cómodamente el gobierno de Cataluña.

No queda más que una verdad: el sentimiento republicano autonomista e izquierdista del pueblo catalán, que ha llevado al triunfo a los hombres de la Esquerra. ¿Podrán éstos responder a lo que el pueblo catalán les pide al ponerse en sus manos? Políticamente no parece que exista divorcio entre la voluntad de la gran masa y sus hombres representativos. En lo que se refiere a la cuestión social es ya otra cosa muy distinta. Procuraremos entenderla y explicarla. Sin fabulillas. La cosa es más grave.

Barcelona, 27 de febrero

2. Dos de los líderes de los *Escamots* y las JEREC. Josep Dencàs i Puigdollers (1900-1966) era el consejero de Gobernación de la Generalidad cuando se produjo la proclamación del «Estado Catalán» en octubre de 1934. En cuanto a Miquel Badia i Capell (1906-1936), ya en 1925 había participado en el complot del Garraf, el atentado frustrado contra Alfonso XIII, y durante la Segunda República fue secretario y después jefe superior de los servicios técnicos de la Comisaría General de Orden Público de la Generalidad, así como uno de los organizadores de la proclamación del «Estado Catalán».

LA CUESTIÓN SOCIAL
Y EL RUMBO DE LOS PARTIDOS
PROLETARIOS CATALANES
Ahora, 1 de marzo de 1936

Sostienen los hombres de izquierda de Cataluña que el proletariado catalán, la clase obrera industrial, los menesterosos y en general los desheredados que se mueven siempre por indiscutible espíritu protestatario y de insolidaridad social, carece de esa mentalidad doctrinaria creada por la sistematización marxista del dogma de la lucha de clases. Es decir, que los proletarios catalanes no son marxistas.

—¿En qué consiste entonces el revolucionarismo del proletariado catalán?

—En una aspiración desesperada hacia la libertad, en un hondo sentido de justicia social, en una fe absoluta en los ideales republicanos que no han sido hasta ahora superados y en la vinculación del propio bienestar y el mejoramiento de las condiciones de trabajo, en el bienestar y el mejoramiento de Cataluña.

—Pero todo esto no es revolucionario; es todo lo contrario, es ser conservador.

—Así es. El proletariado catalán, marchando a

nuestro lado, tiene un cauce abierto a la corriente de sus reivindicaciones.

—Demasiado fácil y optimista es el panorama. Si el proletariado catalán es sencillamente republicano y autonomista, Cataluña es, sin duda, el país ideal, el islote paradisíaco en el mapa de las luchas sociales de nuestro tiempo.

—Así es y así debe ser. La única fuerza insureccional de Cataluña se está liquidando en estos momentos: La CNT y la FAI; es decir, el sindicalismo revolucionario y el anarquismo. Ambos están a punto de desaparecer. Constituyen una supervivencia, acaso mejor el cadáver insepulto de un ideal que ya no tiene una existencia verdadera.

—¿Es tan cierta como se dice la desaparición del anarcosindicalismo? ¿No se tratará de un optimismo cándido?

—No; la Confederación y su brazo armado, la FAI, desaparecen rápidamente. Su antigua fuerza, el apoliticismo, tenía razón de ser cuando las elecciones eran sencillamente una esgrima entre los electoreros de los partidos y también cuando el proletariado se entusiasmaba con las conquistas inmediatas de mejora en las condiciones de trabajo y aumento en los salarios. En aquella época, el sindicalismo y su instrumento de acción, la Federación Anarquista Ibérica, que tenía indiscutiblemente una técnica perfecta de la acción directa, arrastraban tras de sí a las masas trabajadoras. Hoy, no; el apoliticismo ha fracasado ante las experiencias electorales de 1931 y de ahora. La masa proletaria encuentra en el voto un instrumento de acción eficaz que antes no tenía. Ante este hecho, una gran parte del sindicalismo evoluciona y se dispone a participar en la lucha política; a la cabeza de esta orientación, Ángel Pestaña,[1] elegido precisamente diputado, se ha puesto al frente del partido sindicalista.

»La otra parte del sindicalismo revolucionario está en franca descomposición. El organismo confederal pasa por una crisis de confianza en la opinión obrera, y los cuadros sindicales se han declarado autónomos en su mayoría. Nosotros, los hombres de la Esquerra, recogeremos esas masas, que vendrán a nuestro lado atraídas por la satisfacción que nuestro catalanismo y nuestro auténtico ideal republicano pueden depararles.

—Y al desaparecer la fuerza de la CNT y de la FAI, ¿qué versión tomarán los grupos que son fatal e irreductiblemente revolucionarios?

—Sólo quedará en completa insolidaridad con la obra de los republicanos de izquierda una mínima parte de la organización sindical, el inexpugnable reducto de la anarquía, las fuerzas de choque de la FAI. Son hombres formados en la lucha revolucionaria, que difícil-

---

1. Ángel Pestaña Núñez (1886-1937), líder anarcosindicalista español, fue secretario nacional de la CNT y fundador del Partido Sindicalista. En 1936 fue elegido diputado en las Cortes Generales por la circunscripción de Cádiz.

mente cambiarán de mentalidad. Pero a partir de esta evolución, su obra revolucionaria, privada del aliento de las grandes masas de los sindicatos, quedará reducida a una acción *putschista.*[2]

—¿Se atreverá la Esquerra a reprimir inflexible-mente desde el poder esa acción terrorista, si llegase a producirse?

—La Esquerra sabrá mantener el orden.

—Si la acción terrorista de ese residuo del anarco-sindicalismo lo exigiera, ¿se decidirían los gobernantes de Cataluña a colocar fuera de la legalidad a la FAI?

—Sólo un hombre, el presidente de la Generalidad, el honorable don Luis Companys, puede contestar a esa pregunta.

* * *

El verdadero problema social de Cataluña estriba en que así como políticamente existe una correlación entre el gobierno de Madrid y el de Barcelona, socialmente hay una disparidad absoluta, por la distinta naturaleza de las fuerzas obreras sobre las que se apoyan uno y otro. El gobierno de Madrid tiene al Partido Socialista como base de sustentación proletaria. El gobierno de la Generalidad ha sido elevado al poder merced al apo-

2. Golpista (término tomado de la voz alemana *Putsch,* golpe de Estado).

yo de una masa sindicalista, que si bien en estos momentos está en trance de evolucionar, no se desnaturalizará tan absolutamente que pueda convertirse en marxista de la noche a la mañana. Creen los hombres de la izquierda que el proletariado de Cataluña será sencillamente republicano y catalanista. ¿Es esto tan sencillo?

He hablado con un exgobernador de Barcelona, quien me refiere algunos episodios característicos de la lucha encarnizada entre el sindicalismo y el socialismo durante la primera etapa de la República. Los sindicalistas resistieron desesperadamente a la política de atracción del proletariado catalán intentada desde el Ministerio de Trabajo por el señor Largo Caballero. Se daba el caso de que los obreros catalanes preferían tratar directamente con los patronos, aunque las mejoras que pudiesen arrancarles fuesen menores que las que les brindaban los comités paritarios y la intervención de los delegados de Trabajo, toda la red que los socialistas habían ido tendiendo a su paso por el Gobierno. Y ahora, al hundirse la CNT y la FAI, ¿qué forma tomará el movimiento proletario catalán?

Descartado el optimismo izquierdista, que sueña con escamotear la lucha de clases, quedan dos versiones probables. Una de ellas es la incorporación de la masas trabajadoras catalanas al marxismo. La otra es la reaparición del problema separatista bajo nuevas formas, que es imposible prever por ahora.

La conquista del proletariado catalán por el marxismo es aún remota, aunque haya algunos líderes socialistas en Cataluña que creen llegada la coyuntura. He hablado con uno de ellos. Me dice:

—Muchos de los elementos que se desprenden del sindicalismo anarquista vienen a nutrir nuestras filas. En Cataluña existe hoy la Unió Socialista, la sección catalana del Partido Socialista Español y varias fracciones comunistas. Todos estos grupos marxistas pueden llegar a la unificación. Ésta se conseguiría sólo con que el Partido Socialista Español hiciese una declaración favorable a la tendencia leninista de Largo Caballero y al reconocimiento del ideal nacionalista del proletariado catalán.

—Ninguna de las dos cosas parece muy probable.

—A pesar de todo, el marxismo ganará adeptos en Cataluña de día en día. El ideal de los hombres de izquierda, que quieren confinar al proletariado catalán en unas aspiraciones puramente políticas y catalanistas, no se realizará.

—Hay, sin embargo, un largo período por delante. Antes de que el marxismo pueda ser una fuerza considerable en Cataluña pasará mucho tiempo. Sin contar con que esa orientación leniniana del socialismo no es precisamente la que con más facilidad puede encajar en el espíritu pequeñoburgués del obrero catalán.

—Es cuestión de tiempo, lo reconocemos. Pero mucho menos del que pueda creerse. Antes de unos meses el panorama social de Cataluña habrá cambiado radicalmente. No hay ninguna razón para que Cataluña no tenga en la lucha de clases la fuerza que debe tener, dada su población proletaria.

—Entonces, ¿ustedes no creen que la Esquerra pueda detener los avances de los partidos revolucionarios?

—No. No podrá detenerlos.

* * *

Los catalanistas, tanto los de la derecha como los de la izquierda, no consideran factible, sin embargo, esta evolución hacia el marxismo del proletariado catalán. Hasta ahora, la fuerza de la Unión General de Trabajadores no merecía que se la tomase en cuenta, y juzgando por este antecedente histórico, creen más factible que, al descomponerse la fuerza del anarquismo sindicalista, se forme un catalanismo revolucionario.

Fuera de la obra gubernamental que ahora emprende la Esquerra, quedan, efectivamente, algunos elementos irreductibles del antiguo *Estat Català*, los inconmovibles separatistas. Estos núcleos separatistas no tienen ninguna fuerza social. En estos momentos es arbitrario mencionarlos siquiera. No pasarán en toda Cataluña de dos o tres mil. La proporción de separatistas acaso sea mayor en Castro Urdiales o en Santiago de Compostela. Este fantástico *Estat Català* hállase, además, fragmentado en tantos pedazos como militantes tiene. Pero si este atomizado *Estat Català,* que después de haber traspasado sus fuerzas a la Esquerra se ha quedado sin sentido y sin razón de ser, se encontrase con la otra fuerza que en el nuevo panorama social de Cataluña queda desplazada, es decir, con los grupos de acción de la FAI, acaso pudiera formarse un núcleo peligroso para el porvenir de Cataluña. Pero, repitámoslo: todo esto es imaginar la conjugación futura de las fuerzas políticas y sociales que existen en Cataluña.

Por ahora, y por algún tiempo, no pasará nada; absolutamente nada que pueda inquietar el sentimiento nacional y conservador de nuestra patria.

LAS GRANDES PARADAS
DE LA CIUDADANÍA
Ahora, 3 de marzo de 1936

Un millón de personas en las calles. Ni un solo guardia. El espectáculo era bonito.

He recorrido el trayecto que hay desde Castelldefels hasta el palacio de la Generalidad al costado del coche descubierto y rebosante de flores en que volvía del presidio el presidente de la Generalidad de Cataluña, el honorable don Luis Companys, un poco avejentado, embutido en un gabancito insignificante, un pañuelo de seda al cuello y sobre la testa demacrada, como la de un san Sebastián laico, una pintoresca boinita, la misma que se puso aquella madrugada en que le sacaron de Barcelona entre guardias civiles para llevarle al penal del Puerto de Santa María.

Con el mismo aspecto patético, a fuerza de sencillez e insignificancia, con que salió, ha vuelto. Al ir, únicamente jalonaban su paso las parejas de la Guardia Civil que vigilaban la carretera. Al volver, miles y miles de hombres gritaban hasta enronquecer, tronaban los altavoces asordando con su zumbido toda la tierra catalana, chirriaban las coblas, alzaban el vuelo millares de palomas simbólicamente libertadas y flameaban, sacudidos por el ventarrón de Levante, banderas y gallardetes izados en todas las alturas de la urbe.[1] Creo, sin embargo, que este hombrecito que hoy rige los destinos de Cataluña iba de cara al infortunio, después de la derrota, con el corazón más ligero y con más ánimos de los que hoy traía para soportar la presión del triunfo. He visto un hombre abrumado por la carga sobrenatural de la responsabilidad sin límites que gravita sobre sus hombros débiles. Los vítores estentóreos de la muchedumbre que se desgañitaba a su paso esta mañana debían proporcionarle una pesadumbre más honda que la que debía de producirle el hecho de sentirse aniquilado. Es que, indudablemente, ha cambiado. Companys empieza a ser otro hombre sustancialmente distinto del que fue, y hasta los que más reacios somos a aceptar esta metempsícosis tenemos que rendirnos a la evidencia. Aquel agitador de multitudes, aquel revolucionario audaz, aquel hombre de acción que proclamó el 14 de abril la República catalana antes que la española,[2] es ya

1. Las coblas son agrupaciones musicales que tocan sardanas y otras canciones tradicionales.
2. Ese fue el problema más inmediato que tuvo que afrontar el gobierno provisional de la Segunda República española. El mismo día en que se proclamó dicha República, se produjo también la proclamación de la República Catalana. Alrededor de la una y media de la tarde, Lluís Companys, que había obtenido una clara victoria para Esquerra en las elecciones municipales del día 12, salió al balcón del Ayuntamiento de Barcelona, en la plaza de Sant Jaume, para

casi un personaje simbólico. Dentro de poco Companys será, como lo fue Macià, un puro símbolo. Reconozcamos que Cataluña tiene esta virtud imponderable: la de convertir a sus revolucionarios en puros símbolos, ya que no puede hacer de ellos perfectos estadistas. Lo uno vale lo otro.

Nadie puede prever de qué será capaz este hombre todavía. Pero quienes le hayan visto pasar esta mañana por las calles de Barcelona, con aquel aire suave y triste de mártir que llevaba, han debido tener la sensación de que Companys representa, a partir de ahora, una fuerza espiritual casi indestructible en Cataluña. Bien es verdad que los tiempos son duros y gastan pronto a los hombres, aun a los que están revestidos de simbólicas corazas, pero si hay en España un lugar donde el pueblo

---

proclamar la República e izar la bandera republicana. Pero cerca de una hora después y en el mismo balcón, el líder de Esquerra, Francesc Macià, se dirigió a la multitud y proclamó «*L'Estat Català, que amb tota la cordialitat procurarem integrar a la Federació de Repúbliques Ibèriques*». Días después, tres ministros del gobierno provisional español llegaron a un acuerdo con Macià: Esquerra Republicana renunciaba a la República Catalana a cambio de que el gobierno provisional presentase en las futuras Cortes Constituyentes el estatuto de autonomía decidido por Cataluña, «aprobado por la Asamblea de Ayuntamientos catalanes». Dicho estatuto, revisado por las Cortes, fue sancionado en septiembre de 1932. Y, como ya se ha dicho, sería suspendido tras la Revolución de Octubre de 1934, hasta que, celebradas las elecciones generales de febrero de 1936, se restablecieron las funciones de la Generalidad y del Parlamento de Cataluña.

conserve el amor y el respeto al hombre y al símbolo, ese lugar es Cataluña.

A despecho de la mecánica sutil de las ideas políticas y del artificio de los partidos, Companys está asistido por una enorme fuerza sentimental que emana directamente del pueblo catalán. Ese millón de catalanes que hoy le aclamaba frenéticamente, ese pueblo que se echó a la calle y durante todo el día fue amo absoluto de ella, sin guardias y sin más control que el de su propio sentir, esos millares de mujeres que dándose las manos cubrían largos trozos de la carrera, representan una fuerza espiritual de tal consistencia que no es aventurado prever un interregno de paz para la labor gubernamental que los triunfadores de hoy han de desarrollar.

Los hombres de la Esquerra tienen un amplio crédito abierto por el pueblo. Se obstinan los militantes de los demás partidos, sobre todo de los partidos proletarios, en regateárselo y en acortar todo lo posible ese margen de confianza —algunos sostienen que es simplemente una letra a noventa días—, pero la verdad es que durante una etapa de muchos meses no habrá en Cataluña más fuerza que la de la Esquerra. Sólo una errónea interpretación de la verdad de ese sentimiento popular que les ha hecho triunfar puede acelerar el desgaste de Companys y sus hombres. Yo he visto hoy mismo cómo el fervor de la muchedumbre estacionada en la plaza de la República cedía súbitamente y se trocaba en perplejidad y vacilación cuando alguien —que no era, naturalmente, el presidente de la Generalidad ni ninguno de los consejeros— alzaba el puño desde el balcón. Y he visto, en cambio, que cuando al final de sus breves palabras, el señor Pérez Farrás,[3] también desde el balcón de la Generalidad, gritaba «¡*Visca Catalunya!*», la muchedumbre volvía a rugir de entusiasmo unánimemente. Es curioso. No se ha gritado esta mañana en Barcelona el «¡*Visca Catalunya lliure!*». Ya no es necesario gritarlo. Donde sí se ha gritado, según relataban los emocionados consejeros que venían con Companys, ha sido, anoche, en el corazón de Castilla, al paso del tren que les traía. Los mozos de Jadraque —me cuentan— salieron a la estación a gritarlo. Y Ventura Gassol,[4] el hombre que, no sé por qué, personifica la antipatía que siente el no catalán por el catalanismo, decía estupefacto al oírse vitorear en los pueblecitos de la provincia de Guadalajara: «Cada vez tengo que sentirme más españolista».

* * *

3. Enrique Pérez Farrás (1885-1949), militar que en 1931 había sido nombrado jefe de los Mozos de Escuadra por Macià, y que había participado activamente en la insurrección de octubre de 1934. Tras la victoria del Frente Popular en 1936 fue readmitido en el ejército y al frente de los citados Mozos de Escuadra.

4. Bonaventura Gassol i Rovira (1893-1980), más conocido como Ventura Gassol, escritor y político nacionalista, fue uno de los fundadores de Acció Catalana y más tarde de Esquerra Republicana, así como diputado en las Cortes en dos ocasiones.

Hasta la una de la tarde ha durado el estruendoso ceremonial callejero del recibimiento. Después, la muchedumbre se ha desparramado jubilosa por las calles. Los *rabassaires,*[5] los militantes de Esquerra y los simples jornaleros, llegados de todos los rincones de Cataluña en unas espantosas camionetas, siguen siendo los amos de Las Ramblas seis horas después. Un gran día de fiesta para el pueblo.

Al atardecer, en uno de esos locales impresionantes en los que suele reunirse la burguesía barcelonesa para consumir pastelillos de nata, he oído comentar el gran espectáculo de la jornada a quienes seguramente no han sido actores en él.

—El desfile —decía alguien— ha sido impresionante y revela la gran fuerza espiritual del pueblo catalán. A nuestro pueblo le entusiasman estas grandes paradas de la ciudadanía. No sabe pasar muchos meses sin provocar alguna. Pero acaso entre una y otra, aunque sólo

---

5. Como ya se ha dicho en una nota previa, el *rabassaire* era el agricultor que cultivaba la tierra según el contrato de *rabassa morta* —por el cual el dueño del terreno lo cedía mediante renta—. El presidente Companys había sido uno de los fundadores de la Unió de Rabassaires y había impulsado la Ley de Contratos de Cultivo, que contemplaba el acceso de dichos *rabassaires* a la propiedad de la tierra. La ley fue aprobada por el Parlamento de Cataluña en abril de 1934, anulada en junio por el Tribunal de Garantías Constitucionales, y puesta de nuevo en vigor tras las elecciones generales de febrero de 1936, al restablecerse las funciones de la Generalidad y del Parlamento de Cataluña.

mediasen tres o cuatro meses, tendría alguien que preocuparse de rellenar el tiempo con una tarea que tal vez no sea del todo superflua: la de gobernar, la de administrar, la de hacer por el pueblo algo más que ofrecerle ocasión y pretexto para estos deslumbrantes espectáculos. Si entre una manifestación de entusiasmo y otra no hay siquiera unos meses de silencioso y honesto trabajo en las covachuelas, llegará un día en que este pueblo catalán, tan entusiasta, tan fervoroso, tan bueno, cambiará.

Y entonces será peor.

AL DÍA SIGUIENTE
DE TOMAR EL PODER,
EL PRESIDENTE DE LA GENERALIDAD,
DON LUIS COMPANYS,
EXPONE SU PENSAMIENTO
Y SUS PROPÓSITOS
DE GOBIERNO
Ahora, 4 de marzo de 1936

Estamos de sobremesa en la residencia presidencial del palacio de la Generalidad de Cataluña. El presidente, don Luis Companys, rodeado de algunos íntimos, diputados a Cortes, consejeros de la Generalidad y representantes del Parlamento de Cataluña, charla a su gusto, con un tono confidencial y un verbo apasionado que no tiene fácil traducción en el lenguaje convencional de las audiencias periodísticas.

—No me creo en el caso de hacer declaraciones a la prensa —me ha dicho Companys al recibirme.

—Tampoco a mí me interesan esas declaraciones *ex cathedra* que suelen hacer a los periodistas los hombres políticos cuando tienen sobre los hombros la investidura del poder. Quiero únicamente charlar con usted, sin tomar notas, sin comprometerle a una reproducción textual de sus palabras, sin darles el valor doctrinal de un texto...

—Charlemos de lo que usted quiera —me replica el señor Companys. Y entre sorbo y sorbo de coñac, charlamos largamente, largamente...

—Aquí entre ustedes —le digo—, hombres de izquierda metidos en la tarea de gobernar con un sentido izquierdista al pueblo de Cataluña, quiero representar el papel de la oposición conservadora. En toda España y en Cataluña ya hay un justificado recelo ante el hecho de que el poder haya ido a manos de las izquierdas. ¿Qué va a pasar en Cataluña?...

—Ya lo está usted viendo. Yo creo saber con bastante certeza lo que hubiera sido de nosotros si las derechas triunfan. Eran las derechas las que por lo visto no sabían exactamente lo que significábamos, y por combatirnos fingían creer —porque me niego a aceptar que en el fondo lo creyesen— que nuestro triunfo era el caos y la anarquía, o poco menos. Usted ha visto el espectáculo que dio ayer Cataluña. El pueblo en libertad, sin el control de la fuerza pública, sin la amenaza de los máuseres y las ametralladoras, no era esa fiera sin instintos que temían, o decían temer, los hombres de la derecha. Dijeron en su campaña electoral los del Frente Catalán de Orden que si triunfaba el Frente Popular, al día siguiente en cada pueblo de Cataluña habría un movimiento insurreccional y quién sabe cuántos asesinatos y depredaciones. Ya se ha visto que se equivocaron. Temían, más que a nosotros, las consecuencias de sus propios pecados. Ya habrán visto que la reacción popular es más sana y benigna de lo que ellos eran capaces de imaginar.

—La lucha política exige ese agrandamiento y esa reducción al absurdo que de todas las cosas hacen los partidos contendientes. Pero aunque en Cataluña no hayan ocurrido esas insurrecciones ni el movimiento demagógico que era de temer, la verdad es que el poder en manos de ustedes es un peligro para los fundamentos económicos de la sociedad actual.

—¿Por qué?

—Ustedes, para cumplir los compromisos electorales pactados con los elementos revolucionarios que han ido al Frente Popular, tendrán que hacer una labor de gobierno que puede ser fatal para las clases conservadoras y los elementos productores del país.

—Asegurarán eso nuestros adversarios, pero yo puedo afirmar que al gobernar lo haré teniendo siempre presentes los intereses fundamentales de la economía de España y de Cataluña. No vamos a cegar estúpidamente las fuentes de riqueza del país con aventuras gubernamentales. Nada intentaremos que pueda provocar un encarecimiento ruinoso de la producción. Los avances sociales que signifiquen una evolución progresiva de nuestra economía hacia más modestas y humanas concepciones de la vida del pueblo nos hallan propicios. Los que, aun estando dictados por un ideal del que nosotros participamos, representen una contracción de nuestra economía, una disminución de la riqueza nacional, no serán intentados mientras el ensayarlos represente un peligro cierto para el país. Puede usted asegurarlo. Combatiremos los abusos del régimen económico actual y procuraremos modificarlo imponiendo, si es preciso, una justicia social más humana. No iremos nunca, nunca, contra los fundamentos económicos de nuestra sociedad. No daremos al pueblo más que lo que pueda ser digerido y asimilado por el sistema económico que hemos encontrado.

—Puede haber una diferencia de criterio entre lo que ustedes crean fácilmente asimilable y digerible de la riqueza nacional y lo que ésta realmente tolere.

—Yo ya cuento con que las clases productoras opondrán una resistencia decidida a todos los avances sociales; pero confío en que al fin se resignarán a aceptar una evolución que, a la larga, puede serles beneficiosa.

—Hablando francamente, señor Companys; las clases conservadoras fían poco en que usted y las fuerzas sociales y políticas que usted representa puedan ser una garantía de orden y continuidad evolutiva. Suponen, lógicamente pensando, que su obra gubernamental estará sometida a los embates constantes de las organizaciones de tipo revolucionario. En suma, no creen que los hombres que de aquí en adelante han de gobernar en Cataluña sean la avanzada liberal de la sociedad actual, la línea de defensa de la burguesía que tendrán que ser.

Al llegar a este punto, el honorable presidente se exalta un poco y replica vivamente:

—No; yo no voy a convertirme en defensa de la burguesía como ellos creen. Ni mucho menos. Defender sus privilegios, su anquilosamiento, su incapacidad, nunca. Defenderé una evolución normal del régimen económico imperante, hacia soluciones más humanas. Y, por decirlo así, más cristianas. Me bastaría, para hacer posible esta tarea, con que las clases conservadoras aceptasen siquiera los postulados sociales del catolicismo.

—No creo —le digo— después de haber hablado con representantes suyos característicos que las clases conservadoras catalanas tengan esa actitud ininteligente en que usted las supone colocadas. Es más, me parece que si el gobierno de Cataluña diese a los hombres de orden una sensación de continuidad en la evolución y de garantía contra posibles movimientos insurreccionales de las masas, ya que no a su lado, por lo menos, no los tendría enfrente. Hay un ejemplo: la Ley de Cultivos. He hablado con hombres de la derecha e incluso con propietarios de tierras que se conformarían con que esta ley izquierdista, dictada en contra de ellos mismos, se cumpliese. Lo que no pueden tolerar es que la ley sirva de pretexto para que se les despoje.

—La ley de Cultivos se cumplirá estrictamente, lo prometo. ¡Ah! Pero antes habrá que dar satisfacción al pueblo rectificando las arbitrariedades cometidas durante la última etapa. Los *rabassaires* que en el último año han sido desahuciados, desde ahora lo anuncio, volverán a las tierras que cultivaron. Los desahucios fueron efectuados represivamente. Nuestro triunfo nos compromete a deshacer los daños causados por la represión. Después, se cumplirá la ley inexorablemente; lo harán los propietarios de las tierras y los *rabassaires.*

—¿Es inexcusable esta que podríamos llamar vuelta de la tortilla en el campo?

—Absolutamente inexcusable. Ellos, con su política de represión, lo quisieron.

—Esto contribuirá lógicamente a que los elementos conservadores mantengan su actitud de recelo y, por consecuencia, su falta de asistencia al gobierno. Si carece de ella, la Generalidad tendrá que apoyarse en las masas de izquierda movidas por los partidos proletarios, que fatalmente la arrastrarán.

El señor Companys se solivianta un poco otra vez.

—¡Qué me van a arrastrar! ¿Quién puede creer eso? Tengo una idea bastante clara de lo que es gobernar, y gobernaré con sujeción estricta a mis concepciones, sin que la presión de un lado o de otro pueda desviarme.

—Gobernar es llegar fatalmente a un momento de impopularidad.

—¡Qué me importa a mí ahora la impopularidad! Ésta podría ser una preocupación hace ya veinte años, cuando soñaba con conquistar el apoyo de las multitudes para imponer mis convicciones. Hoy, desde el lugar a que el pueblo de Cataluña me ha elevado, no me arrastra ningún anhelo de popularidad. Pienso en la obra que desde el gobierno he de hacer y la veo reflejada, no en la opinión de mis amigos y correligionarios, sino en la opinión que de ella pueda tener el pueblo de Cataluña y de España en general dentro de cincuenta años. Nada me desviará de mi línea de conducta. Ni la coacción de las clases altas ni la revancha de las que estén abajo. Cuando se piensa sólo en el juicio de los hombres que aún no han nacido, se actúa con mucho más desembarazo.

—Independientemente de este estado de conciencia puramente personal, es indudable que en el juego de las fuerzas políticas y sociales que actúen en Cataluña habrá unas que ejercerán sobre su ánimo una sugestión más fuerte que las otras.

—Naturalmente; pero gobernar no es lo mismo que trazar esquemas doctrinales sobre política. Yo no puedo trazar ningún esquema irreal de la línea que he de seguir desde el gobierno, porque vivo de las realidades políticas y sociales y a ellas tengo que atemperar mi conducta. Sólo puedo garantizar que gobernaré de verdad y que no haré traición a mis convicciones.

—Hay, sin embargo, un problema social en Cataluña que desde el primer momento tendrá que resolver el gobierno de la Generalidad. En el resto de España los partidos marxistas han llegado a tener el control de la gran mayoría de la población obrera, y son ellos los que indican al gobierno, hasta donde es posible soportar estas indicaciones, el camino a seguir en los avances sociales. En Cataluña, la organización proletaria predominante es otra, que no acepta ningún contacto con el Estado y que predica y practica la acción directa y el apoliticismo.

—Yo respondo de que el gobierno de Cataluña gobernará y hará cumplir la ley lo mismo a los que la acepten que a los que se coloquen fuera de ella.

—Si al gobierno le falta la asistencia de las clases conservadoras y de las masas proletarias, ¿quién le apoyará?

—No es cierto que el proletariado catalán esté en actitud de irreductible hostilidad al gobierno y, en general, a la organización estatal. El sindicalismo tiene en sus filas a sus más entusiastas partidarios. Hay, además, un movimiento cooperativista muy fuerte entre la población obrera de Cataluña.

—Ese movimiento cooperativista, que antes fue ajeno a las luchas políticas, ¿no está cayendo, poco a poco, en manos del marxismo?

—A mí no me importa ni me preocupa que las cooperativas obreras catalanas sean marxistas.

—¿Quiere esto decir que el gobierno de la Generalidad va a ver con agrado la captación del proletariado catalán por el marxismo?

—Eso no es cuenta mía ni yo tengo por qué verlo con agrado ni con disgusto. El obrero catalán se organizará como mejor crea que cumple a sus conveniencias de clase. Nosotros procuraremos atender sus reclamaciones justas, sean cuales fueren sus órganos de expresión, y no nos mezclaremos en las luchas que entre sí tengan las diferentes ideologías proletarias. Nos basta con que se coloquen dentro de la ley.

—En el caso de un movimiento de rebeldía, ¿sabría el gobierno de Cataluña hacerle frente?

—¿Quién lo duda?

—Una gran parte de la opinión.

—La duda esa es arbitraria. No vengo ahora a gobernar por primera vez. En la anterior etapa tuvimos ocasión de demostrar nuestra capacidad de gobernantes frente a movimientos de este género. Barcelona bajo nuestro gobierno sufrió una huelga del ramo de agua y luz sin que la ciudad padeciese ni una ínfima parte de los perjuicios que sufrió por un conflicto semejante en tiempos de la monarquía, siendo gobernador el señor Morote.[1] No; creo que hemos acreditado desde ahora nuestra capacidad de gobernantes por lo menos lo suficiente para que esos temores no tengan un fundamento sólido. Nuestra obra de administración está a la vista. Cuando fuimos vencidos, nuestros adversarios, al incautarse de nuestros puestos, no hallaron en ellos nada que pudiese reprochársenos o nos incapacitase como gobernantes y administradores. Hemos emprendido una obra de cultura que en muchos aspectos ha llamado la atención no sólo de España, sino de Europa. No somos una tropa de revolucionarios inexpertos que escalan el poder

1. En la primera mitad de 1917.

a merced de una coyuntura providencial. No vamos a esgrimir el poder como arma de combate contra los que no piensan como nosotros ni a utilizarlo para suscitar en nuestra patria una nueva convulsión revolucionaria.

»Mi opinión concreta es la de que no sólo en Cataluña, sino en toda España, el cuerpo social está en carne viva, palpitante, *llagando* —dice Companys en catalán que no acierto a traducir exactamente—, y nuestro deber es el de suavizar, calmar ese prurito, pero sin cauterios que hagan perder la sensibilidad al pueblo. En esto último, en considerar esencial el mantenimiento de la sensibilidad popular, es en lo que nos diferenciamos esencialmente de las derechas.

✻ ✻ ✻

Esto me ha dicho el honorable presidente de la Generalidad, don Luis Companys, a lo largo de una charla íntima en su residencia oficial, al día siguiente de tomar el poder. No son —me advirtió— unas declaraciones del gobierno, de un gobierno a la prensa. Pero así charlando, charlando, dijo todo esto, y aunque sabía que yo lo iba a contar, no me recomendó que lo callase. Creo que contándolo hago un buen servicio a Cataluña y al resto de España.

Barcelona, 2 de marzo

LA POLÍTICA Y EL VERBO

Ahora, 8 de marzo de 1936

Tienen los catalanes un Parlamento como para hacer palidecer de envidia a los diputados a Cortes de la nación. Esto de Barcelona sí que es un Parlamento y no aquel caserón remendado y pasado de moda que tenemos en Madrid. ¡Qué leyes tan buenas se deben elaborar en este suntuoso recinto! ¡Qué empaque y qué trascendencia histórica deben tomar las conversaciones y los cuchicheos en este imponente salón de conferencias! ¡Qué augusta paz la que rodea a los legisladores en esta mansión prócer que un parque altivo aísla del bullicio y la contaminación callejera! Están los legisladores catalanes tan formidablemente armados para el trabajo que sólo allá, a orillas del Lemán, en los superconfortables despachos del palacio que se ha construido el BIT se hallará a unos trabajadores a los que se haya dotado de tantas comodidades y facilidades para el trabajo.[1] Los legisla-

1. El autor parece referirse a la suntuosa sede del Bureau international du travail (BIT), la secretaría permanente de la Organización Internacional del Trabajo (OIT), que estaba ubicada en el Centro William Rappard, a orillas del lago Lemán, en Ginebra (Suiza). Se trata

dores de Madrid, vistos desde aquí, dan un poco de lástima. ¿Cómo va a ser posible que las leyes de la nación sean tan buenas como las leyes catalanas? ¿Es que las condiciones de trabajo no influyen en la calidad de la mano de obra? Unos hombres que se mueven difícilmente en unos pasillos estrechos, que se apelotonan en unos escaños en los que no caben —hasta el punto de que tenemos legisladores que llamaríamos de *promenoir*—,[2] que se ven obligados a dejar los abrigos por los rincones, ya que ni siquiera el guardarropa es suficiente, y que viven con la grotesca preocupación de que el día que se mueran, si se hubiesen hecho acreedores a un homenaje póstumo, será preciso que Perico Chicote[3] quite sus bártulos para dejar el sitio a sus cadáveres, convirtiéndoles así en lamentables fiambres del Bar Chicote, no pueden, lógicamente pensando, ser unos buenos legisladores. Los catalanes, en cambio, lo tienen todo admirablemente dispuesto para ser bonísimos. Si no llegan a serlo, no será por defectos de instalación. Sin embargo, he hablado con muchos catalanes de la derecha y de la izquierda, y todos coinciden en que no son tan buenos

del primer edificio de dicha ciudad diseñado para una organización internacional.

2. Término francés traducible por *pasillo* o *corredor* de un edificio.

3. Pedro Chicote Serrano (conocido como Perico Chicote), propietario del célebre Bar Chicote, gestionaba además el bar del Congreso de los Diputados.

como podría pedírseles. ¿Por qué esta desproporción entre el continente y el contenido, origen fatal de cómicas sugestiones?

La cosa es sencilla. Los parlamentarios catalanes son malos, notoriamente inferiores a su edificio, porque un buen parlamentario no se improvisa ni se construye tan fácilmente como un parlamento. No quiere esto decir que Cataluña sea incapaz de dar buenos legisladores. Es que por muy feraz que sea la tierra catalana no puede dar legisladores como si fuesen patatas, y con la instauración del régimen autonómico Cataluña se ha encontrado ante la necesidad de disponer de dos o tres *stocks* de legisladores. Hace falta un equipo para el gobierno de la Generalidad, otro para mandarlo a Madrid, al Congreso, y otro, en fin, para constituir el Parlamento catalán. Los equipos A y B han podido formarse decorosamente. Los del equipo C, destinados al Parlamento de Cataluña, no han madurado todavía. Están verdes.

En los primeros momentos del régimen autonómico se improvisaron unos diputados para cubrir aquella necesidad de Parlamento que Cataluña sentía. Pero aquellos buenos hombres, a los que tan mal caía la toga del legislador, debían haber sido sustituidos una vez pasado el apuro del primer momento. Ésta de ahora acaso fuese la ocasión de sustituirlos. Tal vez esté ya más granada la cosecha. Todos los catalanes dan la impresión de estar convencidos de que así debe ser. No será así, sin embargo. ¿Por qué? ¡Ah! Aquí comienzan para el pueblo catalán los desencantos de la política y el parlamentarismo ¿Quién convence a ochenta y tantos señores de que son absolutamente superfluos? ¿Quién es capaz de llevar al ánimo de unos hombres que cobran mil pesetillas mensuales la convicción de que deben dejar de cobrarlas? ¿Es que se van a dejar arrastrar por una sencilla invitación al suicidio? ¿Figura acaso el *harakiri* entre nuestras costumbres políticas?

El parlamento catalán no puede disolverse antes de que expire su mandato más que por medio de un referéndum, que en estos momentos sería una complicación excesiva, o por medio de la autodisolución. El presidente de la Generalidad no tiene facultades para disolverlo. Y los ciudadanos catalanes seguirán teniendo durante bastante tiempo todavía unos parlamentarios de cuyos talentos poco o nada esperan, y que ni siquiera cumplen la misión puramente decorativa de poblar, con la dignidad que merecía, este gran palacio que les han atribuido. Dirán seguramente los parlamentarios catalanes que esta invitación al suicidio que se les hace unánimemente es una maniobra reaccionaria o anarquizante, según de donde parta; pero la verdad es que para el bien de Cataluña lo mejor que podían hacer era disolverse. No van a dar más de sí. Unas elecciones no representan ningún peligro para la política imperante. ¿Por qué no hacer con una nueva consulta electoral el sondeo necesario para aflorar a la vida pública catalana unos hombres nuevos que tanta falta están haciendo?

Porque la verdad es que el pueblo catalán, después de tener en la mano, como hoy tiene, las libertades tanto tiempo anheladas, lo que necesita urgentemente son hombres que sepan utilizarlas. Dirán, acaso, que eso a nadie más que a ellos interesa y que cuenta suya será hacer lo que les convenga, ya que para eso precisamente lucharon por un régimen autonómico. Cabe, no obstante, hacerles una indicación que tal vez merezca ser tenida en cuenta.

Aparte lo que se dio en llamar «obstáculos tradicionales», el mayor obstáculo con que el pueblo catalán ha tropezado en el resto de España ha sido la incapacidad de los hombres representativos de Cataluña para expresar con claridad sus sentimientos, sus ideas y sus necesidades y para convencer a los demás de que tenían razón en sus demandas. Han sido pésimos abogados de su propia causa. Desde el advenimiento de la República, el problema catalán tenía abierto un ancho cauce. Los parlamentarios catalanes no supieron utilizarlo, y el régimen autonómico, si se impuso al fin, fue por la fuerza irresistible que le daba el sentir unánime del pueblo catalán, no por la pericia de sus valedores. Estos parlamentarios balbucientes e inhábiles que mandaba Cataluña, a los que aniquilaba dialécticamente cualquier mediocre anticatalanista de verbo fácil, han triunfado sólo porque detrás de ellos estaba todo un pueblo que manifestaba una vez y otra su invariable voluntad de poder.

Reconozcamos, en descargo de esos parlamentarios catalanes, que su torpeza de expresión se debe esencialmente a que su verbo, el verbo, que en definitiva lo es todo, no era castellano, sino catalán, y que lo que ellos sentían en catalán no acertaban a traducirlo en castellano. Así y todo, seguiremos creyendo que Cataluña, el pueblo catalán, vale más, mucho más, que sus hombres representativos. Los políticos catalanes son inferiores al pueblo. Es lógico que así sea. Los mejores hombres de Cataluña se consagran, por temperamento y por tradición, al servicio de la industria, las artes, el comercio y la pura especulación: saben que con estas actividades pueden conquistar su bienestar material y espiritual; saben también que el servicio público, la política, la gobernación, no paga a sus hombres con la misma largueza que la industria privada ni con la misma consideración moral que el ejercicio de las artes o las ciencias. Esto basta para explicar por qué Cataluña no tiene hoy el equipo de hombres públicos que el ejercicio de su autonomía requiere.

Si a esto se une el egoísmo de las clientelas políticas, la codicia y el anhelo de conservar el poder en las mismas manos, el pueblo catalán no logrará ahora tampoco el alto exponente a que tiene derecho. Ochenta y tantos hombres que quieren seguir cobrando unas dietas no tienen derecho a restar calidad a un pueblo.

UN CONSERVADOR, UN LIBERAL, UN MARXISTA Y UN SINDICALISTA

Ahora, 11 de marzo de 1936

Un conservador

Don Luis Durán y Ventosa es uno de los hombres representativos de la Lliga:[1] tanto como Cambó, tanto como Ventosa y Rahola.[2] No ha sido nunca figura de primeros planos; es de esos hombres, al parecer borrosos e insignificantes, que encuentran la verdadera satisfacción del mando, la autoridad y la influencia, permaneciendo detrás de una discreta cortina. Cuando he ido a buscarle al rinconcito, un poco polvoriento y antañón, de su bufete, desde donde le gusta mover los hilillos de

1. Luis Durán y Ventosa (1870-1954), abogado, periodista y político catalanista vinculado a la Lliga. Como ya se ha informado en una nota previa, la Lliga Regionalista (denominada Lliga Catalana desde 1933) era un partido político de ideología conservadora y catalanista que había desempeñado un papel protagonista en Cataluña hasta la llegada de la Segunda República, cuando la hegemonía del nacionalismo catalán pasó a manos de Esquerra Republicana.

2. Francisco Cambó, Juan Ventosa y Pedro Rahola, tres figuras clave de la Lliga.

la política conservadora de Cataluña, me ha dicho con un gestecillo de disgusto:

—Charlemos, si usted quiere, de política catalana. De cuanto yo le diga utilice para el periódico lo que crea razonable; pero ¿qué necesidad tiene de hacerme hablar descaradamente en una interviú? ¡Es tan poco discreto eso de las interviús periodísticas!

Don Luis Durán y Ventosa habla de política con un agudo sentido de la realidad y con toda la ecuanimidad de que es capaz un hombre de partido. Lo único que de veras le interesa decir personalmente, en esta hora, es que su deseo y el de casi todos los conservadores catalanes es que la lucha política se desenvuelva dentro de unas normas elementales de convivencia entre los partidos. Agrega que la Lliga, guiada por este anhelo, seguirá inalterable su actuación, de cuyas normas tradicionales no la sacaría más que la insensata política de pretender el aplastamiento por un partido de todos los demás.

—¿No teme usted que las izquierdas triunfantes se lancen al aniquilamiento político de las derechas, utilizando para ello la fuerza del aparato gubernamental que hoy está en sus manos?

—No lo creo. Una política de este tipo sería fatal para ellas mismas. Las izquierdas tienen que darse cuenta de cuál es su verdadera misión, y en vez de dejarse arrastrar por sugestiones demagógicas, hacerse cargo de los deberes que les impone el hecho de estar ejerciendo el poder. Todo el problema de Cataluña radica en esto: en que los hombres de la izquierda sean o no capaces de comprender que su misión es la de constituir la vanguardia de la burguesía, su línea defensiva contra los embates del proletariado revolucionario.

—¿Espera usted que los hombres de la izquierda acepten esta misión y sean capaces de cumplirla?

—No lo sé. Tengo, como es natural, fundados motivos de duda; lo dudo respecto de los gobernantes izquierdistas de Madrid y lo dudo mucho más respecto de los de aquí. Como no soy sospechoso de azañismo, puedo decir desde un punto de vista estrictamente conservador que acaso me merezca menos desconfianza la capacidad de Azaña para cumplir esta misión que la de los hombres de la Esquerra.

—¿Cuál sería la posición de los conservadores de Cataluña en el caso de que los actuales gobernantes entrasen en colisión con lo que es hoy su ala izquierda?

—Si saben ser gobernantes antes que todo y cumplen inflexiblemente su primordial deber de mantener el orden y la disciplina social, no serán las derechas las que dificulten su tarea.

—¿Existe realmente en Cataluña un peligro revolucionario de origen proletario? ¿Se puede hablar de revolución de tipo marxista?

—No; el obrero catalán ni ha sido ni será marxista. En Cataluña el comunismo no es ningún peligro cierto. Busque usted la cifra total de depositarios de las cajas de ahorros y pensiones que hay en Cataluña. Hace ya cuatro años, esta cifra era, proporcionalmente a la población, una de las más altas de Europa; en los últimos tiempos aún ha crecido considerablemente. Cuando conozca este dato venga a decirme si en Cataluña puede ser un verdadero peligro el comunismo.

—¿Cómo cree usted que pueden seguir actuando eficazmente las derechas?

—Para mí es esencial la reforma del sistema electoral. Sin representación proporcional, y con el premio que actualmente se otorga a la mayoría, no se conseguirá nunca la estabilidad política; se provocará el alternativo aplastamiento de un bloque de partidos por el otro y nada más. Basta considerar las cifras de votantes de derecha y de izquierda y la de las abstenciones; se ve claramente que, en virtud del sistema electoral imperante, con una mínima parte del censo es posible aniquilar políticamente a los contrarios.

—¿La aplicación de la Ley de Cultivos puede provocar un estado de guerra civil latente en Cataluña?

—En la Ley de Cultivos hay que hacer varias distinciones; una cosa es la ley y otra el reglamento para su aplicación. A tal extremo hemos llegado, es tal la anarquía imperante en el campo, que si la ley se aplicase fielmente, los propietarios de las tierras se resignarían. Lo que no es posible es sufrir pacientemente el despojo y la aplicación sectaria de los preceptos legales. Por ejemplo, en la peritación de las fincas que los *rabassaires* quieran reivindicar hay que dar garantías al propietario, pues no es posible que esa peritación quede al arbitrio de unas Juntas comarcales dominadas por los *rabassaires* mismos.

—A pesar de todo, el pueblo de Cataluña parece satisfecho del triunfo izquierdista. Las manifestaciones populares de estos días son bastante elocuentes.

—El pueblo contribuye siempre con gran fervor a estas explosiones de entusiasmo. No hay que juzgar por ellas, sin embargo, el verdadero sentir de Cataluña. Podría usted ser víctima de un error fundamental.

Un liberal

Don Amadeo Hurtado[3] pasa con un ademán sencillo y típicamente liberal de la sucinta cuestión de Cataluña que yo quería plantearle a una vasta concepción de la política de esta hora, y con ese amor a las ideas generales y a las grandes síntesis, característico del liberalismo, discurre por el panorama universal de la lucha política. Sus palabras, claras, meditadas, precisas, son algo más que una divagación. Acaso sirven mejor a nuestro intento que las anécdotas de la municipalidad.

3. Amadeu Hurtado Miró (1875-1950), abogado y político. Como miembro de Esquerra Republicana, había sido diputado en las Cortes por Barcelona entre 1931 y 1933, fecha en la que abandonó el partido para entrar en Acció Catalana Republicana.

—El triunfo de las izquierdas en Cataluña —dice— no es un fenómeno político aislado al que haya que buscar aquí explicaciones particulares ni del que puedan deducirse consecuencias puramente locales. Las izquierdas han triunfado en Cataluña por unas causas generales que en cada momento deciden el curso de la vida pública, no en esta o aquella provincia, ni siquiera en tal o cual nación, sino casi simultáneamente en todos los pueblos que se mueven en la misma órbita espiritual. Han triunfado las izquierdas en Cataluña como han triunfado en el resto de España y como probablemente triunfarán en Francia. Por una corriente universal de ideas y sentimientos que en determinado momento arrastra a los pueblos hacia estas o aquellas soluciones políticas. Hay que tener en cuenta que en los últimos tiempos los movimientos de opinión siguen un ritmo alternado de derecha a izquierda. Ese ritmo —y éste es el fenómeno más curioso de la época— no lo marcan las minorías que hasta aquí habían llevado la dirección de la política, sino los pueblos mismos, la masa, la gente. ¿Quién es esa gente? Se preguntará inútilmente. Es imposible personalizar a la masa; es eso: la masa, la gente que anda por la calle y llena las oficinas, los talleres, los cines y los campos de fútbol. Lo que desde luego puede asegurarse es que no se trata de la gente encuadrada en los partidos políticos y controlada por los líderes. Los hombres de los partidos podemos seguir creyendo que las masas nos siguen y que los votos que se nos otorgan los hemos conquistado con nuestras ideas. Pero no pasa de ser una vana ilusión. Hoy, ningún político tiene votos; se han acabado los incondicionales, los partidarios. Y si los hay, si subsisten las clientelas políticas, su insignificancia numérica es tal que, ante la decisión de las masas no controladas, nada valen. El voto que nos concede esa muchedumbre es cada día más restringido y condicional. Es nuestro en tanto que nuestras ideas políticas se ajustan al sentimiento actual de las multitudes. Y nada más.

»La política no la dirigen hoy los hombres más inteligentes, ni los mejor preparados, ni siquiera los profesionales de la táctica; son las masas, esas masas amorfas, apolíticas, imponderables, las que han tomado la dirección política de los pueblos. Es pueril buscar explicaciones al triunfo de las izquierdas en la virtud de tales o cuales coaliciones electorales; se equivocan los que creen que el triunfo puede deberse a que tal o cual organización proletaria haya dado o dejado de dar la orden de votar a determinados candidatos. No son los sindicalistas ni los curas los que deciden la política; es la multitud; esa gente que pasa ahora por la calle.

»La ley constante que hasta ahora puede deducirse de esa dictadura de la muchedumbre es la de que la política ha de seguir un ritmo alternado de derecha a izquierda. Parece como si inclinándose a uno y otro lado sucesivamente quisiera la masa lograr el equilibrio. Los hombres políticos colocados en la trayectoria de ese movimiento pendular se encuentran súbitamente elevados al poder, o bien se quedan en el vacío, cuando el péndulo oscila en dirección contraria. Es ley constante también la de que estos movimientos isócronos del péndulo se desarrollan en un lapso de tiempo no mayor ni menor de dos años. El curso de la política dictada por la masa cambia por bienios. Esos dos años son el plazo fatal que concede la multitud a los hombres políticos que arrastra en su trayectoria, para que desarrollen la obra de gobierno contenida en su ideología peculiar. Lo único que se puede pedir a los gobernantes es que sepan aprovechar el plazo perentorio que la opinión les concede. Que estén preparados para gobernar y sepan utilizar al servicio de sus ideas el instrumento que el pueblo pone en sus manos.

»Antes, cuando las masas no tenían esta intervención decisiva en la política del país, eran los jefes de los partidos políticos, y en última instancia el llamado poder moderador, quienes regían los movimientos pendulares de la opinión. El mismo anhelo de equilibrio que hoy impulsa a la masa era el que antes llevaba al poder moderador a establecer el turno pacífico de los partidos. Hoy no se le tolera a ningún poder del Estado que se atribuya esa función; la masa misma quiere ser quien la desempeñe. Va desde luego al fracaso quien se empeñe en orientar a la opinión en un determinado sentido desde el Ministerio de la Gobernación.

»Concebida así la mecánica política de esta hora, es fácil contestar a la pregunta. ¿Qué va a pasar en Cataluña? No pasará nada distinto de lo que pase en el resto de España. Antes de las elecciones, alguien me planteaba el problema de lo que ocurriría en Cataluña si aquí triunfaban las izquierdas y en las demás provincias las derechas. Si realmente hubiese existido esta posibilidad, habría sido catastrófica, pero a mí no me preocupó un solo instante, porque me resisto intuitivamente a aceptar hipótesis absurdas. Los catalanes estamos sujetos a las mismas leyes políticas que los demás pueblos situados en nuestra órbita espiritual. Cataluña no es ni puede ser un compartimento estanco en el mundo de las ideas políticas.

»Si la multitud, siguiendo el impulso de sus reacciones, inclinaba el péndulo de la gobernación del Estado hacia la izquierda en Barcelona, análogo impulso se dejaría sentir en Madrid. La masa tiene hoy un signo izquierdista que es nuestro común denominador. No hay que hacerse ilusiones, sin embargo. Al día siguiente del triunfo electoral de las izquierdas comenzó la inclinación del sentimiento multitudinario hacia la derecha.

Un marxista

Rafael Vidiella,[4] delegado del partido socialista, experto militante revolucionario, se afana en Barcelona por con-

4. Rafael Vidiella Franch (1890-1982), tipógrafo, editor, sindicalista y político, pertenecía entonces al sector más izquierdista del PSOE.

seguir nada menos que la aclimatación del marxismo. Hasta ahora, ni el socialismo ni el comunismo han conseguido arraigar en el proletariado catalán. Un exgobernador de Barcelona hablaba del desdén con que los patronos y las autoridades han recibido siempre las formularias notificaciones de huelga de la UGT. Doctrinario, como buen marxista, Vidiella pretende explicar por medio de axiomas el anterior fracaso del marxismo y predecir sus futuros progresos.

Cataluña —dice— debía estar a la cabeza del movimiento de reivindicación proletaria en España, porque es una ley constante la de que la organización para la lucha de clases tiene su origen en los grandes centros industriales y no en las capitalidades políticas. Así pasa en Inglaterra, donde no es Londres sino Mánchester el centro del obrerismo; así en Italia, donde es Milán y no Roma. Un desplazamiento histórico ha quitado la dirección de la lucha de clases a Cataluña. El proceso normal de las reivindicaciones proletarias aquí iniciado se desplazó hacia el centro de la Península por la aparición en Barcelona de un movimiento liberal de tipo burgués —el catalanismo— que enrolaba a las masas en una lucha distinta de la lucha de clases. Sumadas al catalanismo, las masas proletarias se desentendieron un tanto de sus reivindicaciones de clase, y así ha podido suceder que mientras en Cataluña el obrerismo ha permanecido estacionado en una etapa anarquista, hace muchos años superada en todo el mundo, en el resto de España se ha levantado la gran construcción socialista de Pablo Iglesias, favorecida por la claridad con que los proletarios veían su camino al encontrarse frente a frente con la burguesía española, encastillada en un régimen semifeudal.

»Como todos los movimientos nacionalistas, el catalanismo, no obstante su origen liberal, ha de terminar reaccionariamente, y el proletariado catalán hallará entonces su verdadero camino.

»De día en día, el socialismo hace progresos en Cataluña. El anarcosindicalismo está en baja. El organismo confederal pasa por una crisis de confianza en los sindicatos. Por otra parte, los grupos de acción de la FAI, que antes tenían tanto prestigio a los ojos del obrero, pierden su fuerza y su poder de captación desde el momento en que los trabajadores no luchan exclusivamente por conquistas inmediatas, es decir, aumentos en los salarios y mejora en las condiciones de trabajo, sino que se sienten arrastrados a la lucha por las conquistas totalitarias, es decir, por el poder. Ante este nuevo aspecto de las contiendas sociales, fracasa la táctica tradicional de la CNT y la FAI.

—¿Cómo evolucionarán esos elementos?

—La fuerza de los sindicatos se la repartirán los partidos de izquierda burgueses y los marxistas, socialistas y comunistas. Quedará un núcleo de anarquistas irreductibles, hombres formados en la acción directa, que serán incapaces de evolucionar; pero esos grupos, no obstante su gran valor como fuerzas de choque, al quedar privados de la masa no tendrán ninguna eficacia.

—¿No tomarán estos grupos una orientación fascista?

—No lo creo. Al menos no creo que lo hagan conscientemente. Pudieran equivocarse.

—A su juicio, ¿qué táctica ha de seguir el socialismo en Cataluña?

—Tiene que reafirmar y propagar el dogma marxista del derecho de los pueblos a regirse por sí mismos. Conquistaríamos también una gran masa de proletarios catalanes, y acaso se llegase a la unificación de los dos proletarios marxistas, si el Partido Socialista Español se pronunciase definitivamente por la táctica leninista, que hoy representa Largo Caballero.

Un sindicalista

He encontrado al líder sindicalista Ángel Pestaña[5] en el caserón de Puerta Ferrisa, donde tiene su domicilio social el Partido Sindicalista. En este mismo local están domiciliados otros varios partidos obreros y diversas organizaciones revolucionarias. Cada uno de estos or-

5. Como se ha observado ya, Ángel Pestaña Núñez fue secretario nacional de la CNT, fundador del Partido Sindicalista y diputado en las Cortes tras las elecciones de 1936.

ganismos paga un tanto por el alquiler de su secretaría y por el derecho a utilizar el salón de conferencias para sus propagandas. En estos días, el local hierve de revolucionarios emigrados que regresan de Francia apenas se ha concedido la amnistía.[6] En su mayor parte son asturianos. Vienen aquí a que el Socorro Rojo Internacional les facilite medios para volver a sus pueblos.

Ángel Pestaña me dice:

—El Partido Sindicalista tiende a utilizar políticamente las fuerzas obreras concentradas en los sindicatos. Hasta ahora, los trabajadores sindicados, ajenos a la lucha política, se limitaban a prestar su apoyo a los partidos de izquierda burgueses o a los núcleos anarquistas. Esa fuerza política del sindicalismo hay que esgrimirla en pro de las reivindicaciones proletarias. El marxismo no tiene fuerza en Cataluña. Actuaremos políticamente con nuestra ideología de siempre. La política es un arma en manos del trabajador, y desde el Parlamento, como desde cualquier otra trinchera, se debe luchar por el proletariado. Encerrarse en la acción directa y en la inhibición política del anarquismo es en estos momentos retrasar el mejoramiento de los trabajadores.

—¿Cuál será la actitud del Partido Sindicalista en relación con los partidos de izquierda burgueses? ¿En qué relación están ustedes con la Esquerra?

6. La ya mencionada amnistía de los condenados por los sucesos de la Revolución de Octubre de 1934.

—La Esquerra es un partido democrático que está comprometido, como nosotros, al cumplimiento estricto de las cláusulas del pacto electoral. Concretamente para esto, somos sus aliados.

—¿Y si los partidos de izquierda entrasen en colisión con los partidos proletarios? ¿Y si llegase el momento en que se declarase fuera de la legalidad a la FAI?

—Una medida semejante nos haría romper con nuestros aliados electorales y nos colocaría al lado de los que fuesen víctimas de la coacción del poder. No puede olvidarse la solidaridad de clase de todos los partidos proletarios que, no obstante las diferentes ideologías, tienen un denominador común: la lucha contra la burguesía. Si los partidos de izquierda se lanzasen a la persecución de la CNT y la FAI, no conseguirían sino vivificar esos organismos.

Los otros

Los otros son los anarquistas, la Federación Anarquista Ibérica, esta sorprendente supervivencia que aquí en Barcelona ha logrado mantener durante muchos años lo que no han logrado nunca los anarquistas de todo el mundo: una organización de grandes masas.

Los directores de la FAI, Ascaso, Durruti, Combina y otros muchos hombres de acción han reanudado intensamente su campaña de propaganda, a despecho de los malos augurios que los líderes de la izquierda y del marxismo hacen para el anarcosindicalismo en la nueva etapa que se inaugura en Cataluña.

He hablado con un anarquista de Tarrasa. Esto, que parece una broma, es muy serio. En Tarrasa hay todavía unos anarquistas de esos que los marxistas llaman irreductibles. Cuando le he hablado de la descomposición de la CNT y de la FAI ha sonreído despectivamente.

—No haga usted caso de eso que le cuentan los marxistas y los sindicalistas como Pestaña. Todo eso de que hablan es pura fantasía. No tienen a nadie; absolutamente a nadie. El pueblo catalán está con nosotros. El sentimiento anarquista de Cataluña es indestructible. Los grupitos socialistas y comunistas, así como ese sindicalismo político que predica Pestaña, son puras invenciones de teorizantes. La verdad somos nosotros, la Confederación. Lo verá usted pronto, muy pronto.[7]

Yo no sé si este anarquista de Tarrasa es un iluso, como dicen los líderes de los demás partidos obreristas. Lo único que sé después de oírle es que este hombre no cambiará ni de táctica ni de ideas. Se morirá así. Tal vez sea verdad que el sentimiento anarquista se extingue en Cataluña. Pero se extingue sólo a medida que se va extinguiendo la vida de los anarquistas. Antes, no.

7. Como es sabido, la CNT y la FAI iban a desempeñar un papel protagónico en Cataluña tras el golpe de Estado del 18 de julio de 1936 y el estallido de la Guerra Civil.

ESTA PRIMERA EDICIÓN
DE «¿QUÉ PASA EN CATALUÑA?»,
DE MANUEL CHAVES NOGALES,
SE TERMINÓ DE IMPRIMIR
EN BARCELONA
EN EL MES DE ENERO
DE 2026

TÍTULOS PUBLICADOS